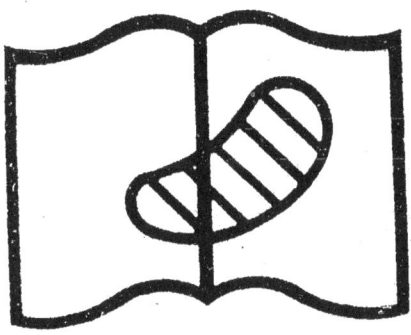

Illisibilité partielle

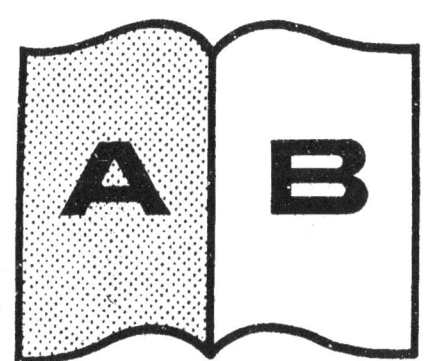

Contraste insuffisant
NF Z 43-120-14

Valable pour tout ou partie
du document reproduit

Couverture inférieure manquante

NOTICE HISTORIQUE

SUR

LE COUVENT DES CORDELIERS

DE ROMANS

PAR

ULYSSE CHEVALIER

docteur-médecin.

VALENCE
IMPRIMERIE DE CHENEVIER ET CHAVET
Rue Saint-Félix, 30.

1868

[Extrait du Bulletin de la Société d'Archéologie et de Statistique de la Drôme.]

NOTICE HISTORIQUE
SUR
LE COUVENT DES CORDELIERS
DE ROMANS.

Le couvent des Cordeliers était le plus ancien et le plus considérable des sept monastères que possédait la ville de Romans à l'époque de la Révolution. Il occupait, au centre de la ville, un vaste emplacement où se trouvaient des bâtiments et une église remarquables. Résidence habituelle des Dauphins, des prélats, des gouverneurs et de tous les grands personnages, pendant leur séjour ou leur passage à Romans; siège ordinaire des États de la province et de nombreuses confréries, ce couvent a joué dans l'histoire de cette cité un rôle important et intéressant à connaître. La noblesse et les notables de la contrée se faisaient inhumer dans son église, où leurs familles possédaient des caveaux funéraires; usage qui valut à cette maison des donations considérables qui donnèrent lieu, pendant une existence de cinq siècles et demi, à un grand nombre d'actes. Un inventaire dressé le 12 décembre 1566, lorsque les Observantins mirent leurs titres dans la maison consulaire, témoigne qu'il existait alors 12 *fardeaux* contenant 362 documents; mais, à la reprise qui fut faite de ce dépôt le 9 mai 1608, l'acte de décharge constata la perte de 123 pièces. En outre, bien qu'on n'ait gardé le souvenir d'aucun désastre qui serait arrivé au couvent des Cordeliers avant les guerres religieuses du XVIe siècle, les plus anciens inventaires ne font pas mention des titres originaux du XIIIe siècle. Deux de ses anciens gardiens ont écrit son histoire. Le P. Claude Picquet publia, en 1610, sur ce couvent, une petite notice dans un ouvrage intitulé : *Provinciæ D. Bonnaventuræ, seu Burg. ord. FF. MM. reg. observ. ac cenobiorum ejusdem initium, progressus et descriptio* (p. 137). Le P. Fodéré a inséré une description du même monastère dans sa *Narration hist. et topog. des couvents de l'ordre de Saint-François* (1609, p. 605). Il existe en outre un petit manuscrit, composé en 1694 par le P. Paschal Cottin, contenant un résumé fort abrégé et décousu de l'*histoire de ce couvent, de ses révolutions et des biens qui lui ont été faits*.

Nous nous proposons de refaire ici les annales du couvent des Cordeliers de Romans et de les continuer jusqu'à son entière destruction. Pour ce travail, nous avons mis à profit les auteurs indiqués, les documents déposés aux archives de la préfecture, les registres municipaux et diverses traditions manuscrites et orales.

Les *Cordeliers*, ainsi appelés à cause de la corde blanche garnie de trois nœuds qui servait à ceindre leur robe de couleur grise, étaient une branche de l'ordre des Franciscains. Institués en Italie, vers l'an 1205, par saint François d'Assise, ces religieux se multiplièrent rapidement et s'introduisirent en France avant même la confirmation de leur règle par le pape Honoré III. Guichard, comte de Beaujeu, en amena quelques uns d'Italie en 1209. Plusieurs couvents s'élevèrent bientôt en Dauphiné : à Vienne, en 1210; à Moiran, en 1211; à Valence, avant 1231. A cette dernière date, une maison du même ordre existait déjà à Romans. Jean de Bernin, archevêque de Vienne, avait favorisé sa fondation, comme nous l'apprend un passage de son épitaphe [1],

---

[1]... *Qui domos Fratrum Minorum Viennæ et Romanis.... decrevit.* C'est sur ce titre de fondateur et sur une fausse interprétation des textes que Le Lièvre et après lui Chorier, Maupertuis, Charvet, historiens de Vienne, et M. Dochier dans ses *Mémoires sur Romans*, ont placé le lieu de l'inhumation de Jean de Bernin dans l'église des Cordeliers de Romans. Cette assertion, que les annalistes de ce couvent, les PP. Picquet, Fodéré et Cottin ont évité de reproduire et que, moins réservé, le P. Antoine Richard, sacristain, avait mise comme un titre d'honneur en tête du registre obituaire dont il était chargé, vient d'être victorieusement réfutée par M. E. GIRAUD. (*Essai hist. sur l'abbaye de Saint-Barnard et sur la ville de Romans*, t. II., p. 385.)

et le dauphin Guigues-André lui avait légué 100 sols par son testament du 4 mars 1237 (1). Cette première communauté, sur laquelle on ne possède aucun autre renseignement, fut remplacée par un prieuré de l'ordre de Saint-Ruf (2), et ses débris vinrent probablement se fondre dans l'établissement qui fait l'objet de cette notice.

Aymard et Guillaume de Poitiers, frères, seigneurs de l'ancienne maison de Saint-Vallier (3), firent venir deux religieux du couvent de Vienne et trois autres de celui de Moirans, auxquels ils donnèrent, par un acte du 12 juin 1252, un vivier (4) et une vigne y jointe qu'ils avaient hors de la ville, proche de la première enceinte. Ils leur firent édifier un petit oratoire et des chambres : puis, comme ce lieu mouvait de la directe du pape et du chapitre de Saint-Barnard, les seigneurs

---

(1) *Legavit... Fratribus Minoribus Romanensibus C. solidos.* (VALBONNAIS, t. I, p. 60.)

(2) Dans un acte d'échange, daté du 19 mars 1321, entre l'abbaye de Saint-Ruf de Valence et le prieuré du même ordre situé à Romans, hors la porte de Saint-Nicolas, il est dit que ce prieuré était vulgairement appelé la maison des anciens Frères Mineurs, *Domus Fratrum Minorum veterum.* (Archives de la préfecture, fonds de Saint-Ruf.)

(3) Charles, huitième fils d'Aymar IV, comte de Valentinois, et de Sybille de Baux, fit, en 1332, la nouvelle souche des comtes de Valentinois.

(4) Le P. Picquet (loco cit., p. 140) a copié *vivarium*, un *vivier*; le P. Fodéré, au contraire, a lu *vinarium*, qu'il a traduit par un *pressoir : cella vinaria* signifie un cellier et non un pressoir, à moins de donner à ce mot une grande extension. Nous préférons le premier sens, parce que l'enclos des Cordeliers renfermait un vivier, dont la valeur était autrement importante que celle d'un cellier, surtout pour des religieux qui faisaient une grande consommation de poissons, et que la bulle d'Alexandre IV, qui affranchissait ce fonds de tous cens et redevances, doit s'appliquer à une propriété étendue et stable. Cependant on trouve dans le prologue du livre du P. Picquet une remarque qui semble contrarier notre interprétation. Après avoir cité un passage de la dispense donnée explicitement par Sixte V, statuant que le vin provenant des vignes de l'enclos du couvent servirait pour l'usage des frères et surtout pour le sacrifice de la messe, l'auteur ajoute cette réflexion assez juste : « Puisqu'il est permis d'avoir des vignes, » pourquoi ne le serait-il pas d'avoir un cellier? *(Quod si liceat habere vi-* » *neas, cur non cellam vinariam?)*

de Saint-Vallier adressèrent au Souverain Pontife une supplique à la suite de laquelle ils obtinrent d'Alexandre IV un bref, daté du 13 novembre 1256, accordant l'affranchissement et l'amortisation. Les chanoines, qui, dans le principe, n'avaient pas montré des dispositions favorables, imitèrent un exemple venu de si haut, et, par contrat du 27 mars 1258, firent abandon de leurs droits féodaux. Les Pères, ayant recueilli quelques aumônes, achetèrent en 1252, de Bonnet d'Hostun, chanoine de Saint-Barnard, un fonds contigu aux murs de la ville, au prix de 125 livres viennoises. Cette acquisition fut approuvée par le pape Clément IV, qui affranchit de nouveau la maison de toute directe seigneurie : ce qui fut plus tard confirmé par Boniface VIII. C'est alors que, grâce aux largesses de plusieurs seigneurs voisins, les travaux purent être poussés avec activité, ceux de l'église surtout. Jean de Poitiers et son cousin Édouard d'Hostun se partagèrent l'honneur de cette construction. Ce dernier fit bâtir et voûter les deux premières ogives du chœur ; on sculpta ses armes à la clef de voûte, au-dessus du grand autel. L'entrepreneur ou architecte éleva à ses frais la troisième ogive, à laquelle il mit, pour armoiries, une rose « d'autant qu'il n'en avait pas d'autres ». Jean de Poitiers fit faire la nef dont la voûte était seulement lambrissée, mais du reste fort belle, et peindre ses armes de trois pieds en trois pieds sur tous les liteaux qui traversaient les lambris. L'église fut consacrée le 3 mai 1279, sous le vocable de Saint-François. C'était un vaste vaisseau « fait à la forme des églises de Paris ». Elle contenait vingt-trois chapelles, dont cinq autour du maître-autel.

En 1281, Bontoux Gibellin commença la sacristie, et laissa, par son testament du 25 mars 1282, vingt-cinq livres viennoises pour la couvrir. La construction du cloître et du dortoir est due aux libéralités de la noble famille de Grolée et à celles de plusieurs fidèles, tels que les FF. Henri Mallen et Henri Croissent, qui donnèrent tous leurs biens en prenant l'habit (1). Le cloître était de peu d'étendue, mais massif et bien voûté, et porté sur de gros

---

(1) Ce fait est relaté dans une bulle de Nicolas III, datée du 27 avril 1279.

piliers en pierre de taille. En 1282, les Pères firent un échange avec Perronet de Chevrières, qui leur céda tout le fonds entre le vivier et les murs de la ville, ainsi qu'une maison en ruine. Plus tard, en 1351, un membre de la même famille, Ponson de Chevrières, donna une autre maison que l'on démolit pour y construire un pont en pierre communiquant avec la rue *Conquiers*, et qui devint la principale entrée du couvent. Un frère, nommé André Odoard, fit faire de ses deniers et sous sa surveillance deux voûtes de la sacristie, la bibliothèque et les siéges du chœur dans lequel il fut enterré : les dépenses s'élevèrent à 2,000 florins. Pour reconnaître ce bienfait, le R. P. Hugues de Colliège ordonna, le 24 avril 1388, qu'on prierait publiquement Dieu pour ce frère, dont la vie avait toujours été religieuse et exemplaire. Son souvenir était, en outre, rappelé sur son tombeau par une plaque de marbre où on lisait ces mots : *Orate pro me Fratres!* et par une table de pierre fixée contre le mur de la bibliothèque.

Ce couvent était alors un des plus beaux et des plus vastes de l'Ordre. Le P. Fodéré dit même que « c'était la pièce la plus
» rare et la plus excellente qui était non seulement dans Romans
» mais presque en tout le pays. D'ailleurs, ajoute-t-il, bien
» renté tant par les religieux qui y avaient apporté leurs biens,
» comme par plusieurs seigneurs qui y avaient donné de bonnes
» rentes, censes, possessions, voyre des droits seigneuriaux ». Le claustral, qui, dans le principe, était hors des remparts, se trouva, après la construction de la seconde enceinte (1360), presque au centre de la ville. Il formait un quadrilatère d'environ 80 toises de côté, contenant 7 sétérées et demi (2 hect. 56 ares). Il confinait du nord les nouveaux remparts, du midi le vivier, du levant la Ville neuve, et du couchant la montée pratiquée dans le fossé des anciens murs.

Gênée dans son extension par une rivière et par des murailles, livrée sans aucun plan de l'autorité aux caprices de chaque propriétaire, la ville de Romans, comme la plupart des cités bâties pendant le moyen âge, offrait des rues étroites et sinueuses, des logements incommodes et malsains : seules, les communautés religieuses possédaient de grands espaces et de vastes bâtiments. Le couvent des Cordeliers, placé presque au centre de la ville, était le seul local assez spacieux où l'on pût, dans les circonstances extraordinaires, recevoir les autorités et réunir les populations.

Dès 1278, la salle capitulaire du couvent avait servi à l'entrevue qui eut lieu, le 15 mars, entre Amédée de Roussillon, évêque de Valence, et Humbert de la Tour, au sujet du château de Pizançon dont ce dernier avait été investi par l'archevêque Guy d'Auvergne, son parent. Après la prise de Romans par le dauphin Humbert II, Amblard de Beaumont, commissaire de ce prince, assembla dans l'église des Cordeliers, le 27 juillet 1342, les habitants, au nombre d'environ 2,000, pour leur faire connaître les conditions imposées par le vainqueur. Devenu Dauphin par le transport de notre province, Charles, fils aîné du roi de France, voulant se montrer à ses nouveaux sujets, en parcourut les principales villes. Romans fut celle où il fit le plus long séjour. Du 16 du mois d'août 1349 au 8 septembre, il y reçut quatre-vingt-trois hommages et confirma les priviléges et libertés de cinq communautés. La cérémonie se faisait ordinairement dans le verger du monastère *(in viridario FF. Minorum)*. Le 9 mai 1350, les chanoines de Saint-Barnard en chappes d'or et de soie et les ecclésiastiques du chapitre, assemblés en procession avec la croix, les vertus et les reliques de l'église *(cum reliquiis et virtutibus)*, allèrent prendre le Dauphin au couvent des FF. Mineurs et le conduisirent, au son des cloches, en chantant, jusqu'au grand autel de l'église : ce fut là que ce prince prêta hommage au chapitre pour le château de Pizançon.

Le 31 mars 1359, les habitants, au nombre de 400 chefs de famille, réunis, dans le réfectoire des FF. Mineurs, par l'ordre du juge, déléguèrent treize d'entre eux pour déférer au gouverneur leurs pleins pouvoirs, à l'effet de prononcer sur leurs différends avec le chapitre, et, le 8 octobre de l'année suivante, dans le même local, Guillaume de Vergy (1), en présence des inté-

---

(1) Ce gouverneur mourut à Romans le 5 juin 1361 et fut inhumé dans le chœur de l'église des FF. Mineurs. Une pierre en granit, chargée d'une longue épitaphe, couvrait son tombeau. Ce cippe funéraire est aujourd'hui la propriété de M. E. Girand.

ressés, prononça sa sentence arbitrale (1). Lors de la pose de la première pierre des seconds remparts, faite le 7 février 1357 par Bernard, évêque de Ferrare, le repas fut porté au même couvent, où résidait ce prélat. En résumé, toutes les réceptions des grands personnages, toutes les réunions nombreuses et importantes avaient lieu dans l'enceinte de ce monastère. Les Romanais y procédèrent longtemps à la nomination de leurs consuls. Les États du Dauphiné s'y réunissaient habituellement. Les monnayers du Saint-Empire, qui formaient une grande corporation, tinrent plusieurs de leurs parlements généraux en *l'ostel des Freres Meneurs*.

La cour du couvent, assez spacieuse, s'étendait du levant au couchant, depuis l'entrée de l'église jusqu'à la montée dite *des Cordeliers*. Elle était plantée d'ormes et ouverte de plusieurs côtés, ce qui en faisait un lieu presque public, et, comme elle servait à l'administration de l'Aumône générale pour y faire la *donne*, les consuls voulurent en empêcher la clôture. Les Pères supplièrent le roi de défendre d'y jouer et d'y danser, vu qu'elle faisait l'office de cimetière, ce qui fut accordé par un arrêt du parlement. Mais ils la prêtèrent avec empressement pour la représentation du *mystère* des trois martyrs Séverin, Exupère et Félicien, qui se fit aux fêtes de la Pentecôte de l'an 1509, en reconnaissance de la cessation de la peste (2).

Interrompons un moment notre narration pour faire connaître quelques-unes des nombreuses donations qui rendirent le couvent de Romans l'un des plus beaux et des plus riches de l'Ordre.

Les Claveyson doivent être rangés parmi les principaux bienfaiteurs. Les membres de cette famille, dont l'habitation était voisine du monastère, outre des aumônes presque journalières, lui firent des libéralités importantes. Le 10 août 1370, Antoine de Claveyson légua une pension de 15 florins; le 12 février 1389, Marie de Claveyson en donna une autre de 12; Jeanne de

---

(1) M. E. GIRAUD, *Essai hist.*, t. II, p. 255.
(2) Voir *Composition, mise en scène et représentation du Mystère des trois doms* par M. E. Giraud. Lyon, 1848.

Claveyson, par son testament du 17 juin 1420, laissa une somme de 400 florins ; le 6 mai 1460, Jacques d'Hostun, époux de Béatrix de Claveyson, régla à la somme de 600 florins diverses donations antérieures faites au couvent des Cordeliers, et, pour le même motif, Hector de Gottafred, fils d'Antoine de Gottafred d'Onay et de Catherine de Claveyson, fonda une pension de 10 florins, etc.

On constate huit à dix fondations de *pitance* (1) ou réfection en faveur des Frères Mineurs de Romans. Le 8 avril 1282, Bontoux Gibellin élut sa sépulture dans le cimetière du couvent, légua 100 livres viennoises et ordonna que ses héritiers seraient tenus d'offrir à tous les Frères une réfection le jour anniversaire de son décès. Dans un but semblable, un descendant de la même famille, Étienne Gibellin, laissa, le 17 mars 1365, une somme de 2 florins. Le 22 novembre 1343, Falcon Girod, chevalier de Peyrins, donna à perpétuité le dîner le jour de Saint-François à tous les religieux et hôtes du couvent, plus une somme de 20 sols pour une pitance. Cette fondation fut acquittée par ses filles et héritières, Fluriona et Fluriunda.

Il était d'usage anciennement d'étendre du foin, de la paille, des joncs secs dans les appartements afin de préserver les pieds du froid et de l'humidité. Il existe un testament du 22 juin 1374 dans lequel un cultivateur de Romans, Jacquemet Ismidon, légua à la fabrique de l'église deux florins et une trousse de foin du poids moyen de deux quintaux et demi, livrable chaque année à la Saint-André et destinée à être répandu en hiver sous les pieds des religieux. Cette fondation était hypothéquée sur un pré situé à Charpey.

Bontoux Fournier remit au couvent un pré de six sétérées sur la paroisse de Saint-Donat, qu'il avait acquis à l'enchère pour le prix de 85 florins, par suite de la sentence rendue le 13 octobre 1389 par l'official de Vienne contre Jean Gastallier, excommunié pour hérésie, avec confiscation de ses biens.

---

(1) La pitance était la portion de pain, de vin, de viande, etc., qu'on donnait à chaque repas dans les communautés religieuses.

La famille de Poitiers ne se contenta pas d'avoir fondé le monastère. Le 24 mai 1412, Louis de Poitiers légua une rente de 20 florins; le 2 août 1437, sa veuve, Polliciane Ruffo de Calabre, donna une pension de 25 florins. Par son testament du 19 mars 1458, Jean de Poitiers légua une somme de 600 florins payable par son neveu et héritier Aymar, seigneur de Saint-Vallier. Charles de Poitiers laissa, le 15 novembre 1470, pour fondation de messes, à l'église des Cordeliers deux sommes de 500 florins chacune. Aymar de Poitiers, son neveu et son héritier, remit en paiement de ces deux sommes une rente de 40 florins dont la famille de Saint-Vallier se déchargea, le 19 juin 1488, en donnant en échange les maisons qu'elle possédait dans la rue appelée encore de nos jours rue de *Saint-Vallier* (1). A l'occasion de la cession d'une de ces maisons au couvent de Sainte-Ursule et du règlement de certains droits, le P. Cottin, dans son petit registre des cens, parle en termes assez amers des religieuses de ce couvent. Il se plaint de leur ingratitude et ajoute ces reproches : « Après s'être établies sur le fonds du monastère des » Cordeliers, elles se sont étendues par des empiètements » au point de n'avoir plus dans cette maison la liberté de se » promener, ni de se parler, sans être exposé à la vue et à la » censure de ces dames. »

Un des revenus de ce couvent, dont il jouissait encore à l'époque de la Révolution, était une rente de 40 sétiers de froment perçue sur la baronie de Clérieu.

Par son testament du 23 mai 1503, Guillaume de Poitiers, seigneur de Saint-Vallier, laissa aux FF. Mineurs de Romans, pour fondation d'une messe quotidienne, une rente annuelle de 25 sétiers de froment sur la terre de Clérieu et spécialement sur les revenus des moulins. Cette fondation était rachetable au prix de 1000 livres. Aymar de Poitiers, frère et héritier de Guillaume, fit remise de cette rente et en laissa grevée après sa

---

(1) Cette petite rue, située entre l'enclos des Cordeliers et le cimetière de l'hôpital de Sainte-Foy, était, en 1470, le dernier lambeau du manse de *la Bouverie* et des vastes propriétés possédées au Xe siècle par les seigneurs de Clérieu et qui, à cette époque, cernaient Romans de tous côtés.

mort la baronnie de Clérieu. M. de La Croix de Chevrières, qui en devint propriétaire en 1586, fit offre de 1000 livres pour se rédimer de cette rente. Les PP. Cordeliers refusèrent, parce que M. de Chevrières avait acheté les biens de MM. de Saint-Vallier, à condition de payer la pension. Un premier arrangement, signé le 17 avril 1644, n'ayant pas abouti par le désistement de M. de Chevrières, les parties passèrent à Grenoble, le 31 mars 1670, une nouvelle transaction, par laquelle, pour l'acquit des arrérages de treize années, cette rente de 25 sétiers était portée annuellement à 30, et 450 livres devaient être payées pour le surplus : ledit seigneur de Chevrières était maintenu, en qualité de fondateur principal du couvent et de deux chapelles, avec tous les droits honorifiques attribués aux patrons et fondateurs, et particulièrement la faculté de faire apposer une litre et des ceintures funèbres avec les armes de sa maison contre les murs intérieurs et extérieurs de l'église, à l'inhumation dudit seigneur et de ses successeurs.

Les censitaires montrant beaucoup de mauvaise volonté pour s'acquitter de cette rente de 30 sétiers de froment, le P. Rol, supérieur des Cordeliers, présenta une requête pour faire casser cette transaction. Mais, comme il était pénible de plaider contre une maison aussi puissante que celle des Chevrières, le P. provincial proposa de remettre le différend à l'arbitrage de M. le président de Mesmes, père temporel du couvent de Paris et protecteur de toutes les maisons de l'Ordre en France. Un projet d'accommodement fut signé, le 12 juillet 1681, au château de Blanieu, entre le P. Guillaume et Mme la présidente de Chevrières, dont il était très-estimé. L'affaire ayant été portée à l'audience à Paris, le président de Mesmes conclut, le 8 février 1682, que M. Pierre-Félix de Chevrières, acquéreur de la baronnie de Clérieu, entrerait dans tous les droits du défunt seigneur de Clérieu, prendrait le titre de fondateur et de bienfaiteur de ce couvent et en aurait tous les honneurs, à condition de porter la pension de 30 sétiers à 40, rendue fixe et non rachetable (1).

---

(1) Cette rente a été vendue aux enchères, au profit de l'État, le 30 mars 1791, moyennant le prix de 15,000 livres.

Comme le remarquait le P. Cottin, une des choses les plus nécessaires pour des religieux qui se lèvent à minuit pour l'office est un peu de bois pour se chauffer. La Providence, ajoute ce bon Père, inspira Élisabeth de Brina, dame de Luppé et de Genissieu, de donner aux Cordeliers de Romans, le 17 mars 1476, un bois taillis de la contenance de trente sétérées, sis au *Chalfage*, mandement de Peyrins, à la charge d'une messe à célébrer le jour de la fête de saint Michel et le jour anniversaire du décès de la donatrice. Ensuite, Jeanne des Arces, veuve de Claude de Gottafred, de Saint-Marcellin, en qualité de tutrice de ses enfants, accensa, le 16 août 1479, au couvent des Cordeliers un bois contenant trente fossérées, attenant au bois de Mme de Luppé, moyennant trois florins d'introges et la rente annuelle d'une émine d'avoine. Ces terres, qui ne rapportaient que quelques fagots, furent converties, en 1672, en une grange qui était affermée 370 livres en 1773 (1).

Nous terminerons cette énumération par une fondation qui témoigne de l'ardente charité de nos ancêtres, à qui n'échappait le soulagement d'aucune misère.

Par acte du 12 février 1624, Bonne de Castaing, veuve de noble François Coste, conseiller du roi, fonda pour les dimanches et fêtes de l'année une messe qui serait dite dans la chapelle de la prison de Romans par les PP. Cordeliers. Elle assura ce service au moyen d'une pension annuelle de 45 livres et le don des vêtements sacerdotaux, d'un calice, d'un missel et des autres objets nécessaires pour la célébration de l'office divin (2).

---

(1) Les 74 sétérées (24 hect. 30 ares) de terres que les PP. Cordeliers possédaient sur la paroisse de Peyrins furent vendues comme propriété nationale, le 24 mai 1791, pour la somme de 20,000 livres.

(2) Par son testament du 27 juillet 1384, Perrot de Verdun, riche marchand de Romans, avait élu sa sépulture et fondé deux messes quotidiennes dans l'église du couvent des FF. Mineurs, moyennant un legs de 400 florins. Cette donation et cette fondation ne sont relatées sur aucun des registres du couvent, bien que, suivant son désir, notre généreux compatriote y ait été inhumé dans la chapelle où reposait son frère Jean.

Pendant le moyen âge, les monastères reçurent des personnes de l'un et l'autre sexe qui se vouaient avec leurs biens à leur service. Ces sortes de profession se faisaient, sinon avec plus de solennité, du moins avec plus de formalités que les vœux ordinaires, car elles donnaient lieu à un contrat civil. Ces actes sont assez rares : nous n'en avons trouvé qu'un seul parmi les documents provenant du couvent des Cordeliers de Romans (1). En voici une traduction abrégée :

« A tous soit notoire que l'an de l'Incarnation 1386 et le 29e jour de juin, huitième année du pontificat du pape Clément VII, devant moi notaire public et les témoins sous-nommés, dans la grand'salle du couvent des FF. Mineurs de Romans où étoient Pierre Gavaret, gardien, André Odoard, Humbert Fabre, lecteur, Allemand Martinon et Pierre de Saint-Paul, frères dudit couvent, s'est présenté Étienne, fils de Pierre Jeunet, cultivateur de Romans, âgé d'environ 14 ans, avec le consentement d'Ysabelle, sa mère, de Pierre Jeunet et Pierre Villard, ses oncles. Ledit Étienne, considérant les avantages tant spirituels que temporels attachés à l'Ordre des FF. Mineurs, supplia le Père Gardien et les Frères de ce couvent de daigner le recevoir en qualité de *donnat* (2) et de perpétuel oblat. Le Gardien et les Frères y ayant consenti, alors ledit Étienne, de sa volonté libre et spontanée et avec le consentement de ses parents, se donna lui et ses biens à Dieu, à la sainte Vierge et à saint François, et humblement à genoux, les mains dans celles du Père Gardien, jura d'être fidèle et obéissant. Les Frères le reçurent en cette qualité et l'associèrent à toutes les choses, tant spirituelles que temporelles, dont jouissent les autres donnats.

---

(1) Les archives de la préfecture renferment les actes de l'oblation personnelle d'un homme aux Dames de l'abbaye de Vernaison en 1330, et d'une femme aux Religieux de Léoncel en 1384.

(2) Les enfants illégitimes étaient quelquefois appelés *donnats*. Ainsi, dans un acte de fiançailles du 24 avril 1337, Pierre de Lucinge, fils naturel de Mélincti de Lucinge, est qualifié de *donnat*, et Catherine, fille naturelle de Humbert II, est dite *donnate*. (VALBONNAIS, *Hist. de Dauphiné*, t. II, p. 329.)

» Fait à Romans, les jour et an que dessus. Témoins : Théobald Loras, notaire; Guillaume Soleil, Pierre Pélisson, Humbert Cayol, cultivateurs, et plusieurs autres, et Henri Chalmat, notaire public de Romans. »

Voici comme comparaison le procès-verbal de la réception d'un frère Cordelier (1) :

« Nous, F. François Rol, gardien du couvent de Saint-François de l'Observance de la ville de Romans, ensemble les RR. FF. religieux dudit couvent, confessons et certifions comme nous avons été suppliés capitulairement par F. Thomas Carra, novice du couvent, de le recevoir à la profession; et l'ayant examiné et trouvé capable, orné et doué de qualités requises par les statuts, d'âge compétent porté par le concile de Trente, du consentement de toute la communauté, l'avons admis et reçu à la profession et qualité de frère clerc pour le droit de ce couvent, afin qu'il en puisse jouir, selon que de raison.

» Fait aujourd'hui, le 2e jour de juin de l'an 1676. »

Il y avait d'ordinaire parmi les Cordeliers un ou deux Pères qui s'adonnaient avec succès à la prédication. Leur éloquence était un peu fougueuse, et ils montraient, paraît-il, dans leurs sermons, une tendance à faire des allusions personnelles. Ce zèle exagéré aurait été porté quelquefois assez loin pour attirer sur ces orateurs imprudents des désagréments et même des vengeances.

On trouve la preuve de faits de ce genre dans une plainte rédigée, vers 1404, par les officiers delphinaux contre le chapitre de Saint-Barnard.

« Un religieux, recteur du couvent des Cordeliers, prêchait un jour sur la confession. Les chanoines virent bien qu'il voulait les signaler : ils envoyèrent des hommes pour le tuer, et il n'évita la mort qu'en sortant de la ville. François Gade, du

---

(1) Un noviciat fut établi au couvent des Cordeliers de Romans par le R. P. François Leroux, provincial, ensuite des lettres patentes du R. P. Général de l'Ordre du 8 mai 1674. Il fut transféré à Lyon en 1696.

même Ordre, né à Romans, indigné des désordres qui affligeaient son pays, eut le courage de faire un sermon qui avait pour texte : *Annoncez au peuple leurs crimes*. Il osa reprocher aux ecclésiastiques d'avoir des concubines et des bâtards. La nuit tombante, des sicaires s'introduisirent dans le couvent. Ils enfoncèrent les portes, pénétrèrent dans sa cellule, firent les recherches les plus minutieuses : il ne leur échappa que par la fuite » (1).

« Le P. Charli, Cordelier, prêchant le carême dans l'église de Saint-Barnard, où les consuls assistaient dans leur banc, ses sermons n'étaient que des diatribes contre les officiers municipaux. Le scandale fut poussé à tel point que les consuls arrêtèrent de ne plus écouter les discours de ce prédicateur indiscret, et de demander deux sermons par semaine aux Capucins, dans leur église » (2).

Il y a peut-être de l'exagération dans ces plaintes formulées en même temps contre le Chapitre et contre les Cordeliers. Nous avons cru devoir les reproduire, parce qu'elles aident à peindre les mœurs de l'époque.

Pour des motifs et après des débats qu'il serait trop long d'exposer, l'Ordre des FF. Mineurs se divisa en deux congrégations : les *Conventuels* et les *Observantins*, qui demeurèrent toujours fort opposés.

Le cardinal protecteur de l'Ordre de Saint-François adressa, le 11 juin 1504, des lettres patentes portant commission aux Religieux conventuels de la province de Saint-Bonaventure pour élire un député réformateur des couvents de ladite province autrement appelée de *Bourgogne*. Cette réforme eut lieu l'année suivante et fut opérée en France par le cardinal d'Amboise, légat du pape Jules II.

Par un accord fait devant Léon X, dans un consistoire de cardinaux, entre le général des Conventuels et celui des Obser-

---

(1) M. GIRAUD, *Essai hist.*, t. II, p. 392, et pièce justificative N.° 40.
(2) M. DOCHIER, *Mém. sur la ville de Romans*, p. 113.

vantins, il fut arrêté que la réforme resterait en l'état où elle se trouvait à la mort du légat. Le couvent de Romans était de ceux qui demeuraient sous la juridiction du général des Conventuels; il en fut distrait néanmoins, réformé at soumis à l'Observance environ trente ans après, contre ce concordat.

Le seigneur de Saint-Vallier, en sa qualité d'héritier des premiers fondateurs, obtint de François Ier des lettres de cachet datées du 18 juin 1530, qui ordonnaient aux consuls et aux habitants de Romans de prêter main-forte aux FF. Jean Merlin et Alexandre Rousset, religieux de l'Observance, pour prendre possession du couvent de Saint-François de cette ville. Les Conventuels se pourvurent au parlement de Grenoble pour être maintenus dans leur maison. Mais Jean de Poitiers, comte de Saint-Vallier, Louis de Brezé, sénéchal de Normandie, et Diane de Poitiers, sa femme, obtinrent du roi, le 9 septembre 1530, des lettres patentes pour introduire dans ce couvent des religieux de l'Observance.

Les chanoines de Saint-Barnard intervinrent au procès, et s'attribuant, comme coseigneurs de la ville, le titre de fondateurs, se joignirent aux grands Frères. Ceux-ci furent condamnés à vider le couvent et à le céder aux Observantins.

Cet arrêt ne put être exécuté. Les Conventuels, assistés de leurs partisans et soutenus par le chapitre (1), firent, les armes à la main, une résistance vigoureuse. Un combat sengagea; plusieurs personnes furent blessées, et un conseiller que le parlement avait députe comme commissaire pour l'exécution de cet arrêt fut tué sur place devant ce couvent.

Le seigneur de Saint-Vallier se pourvut de rechef en sa qualité de fondateur ; le grand conseil rendit un arrêt qui ordonna

---

(1) François Lattier, chanoine, Pierre Bourguignon, Gabriel de Briançon et Artaud de La Croix, prêtres habitués de Saint-Barnard, furent assignés par le procureur général, « au sujet de certains excès, rebellion, force et violence commis contre un commissaire du parlement », et condamnés par arrêt du grand conseil de Lyon, rendu le 7 octobre 1536, à la somme de 500 livres envers le roi, aux dépens, dommages et intérêts, et à tenir la prison jusqu'à fin de payement.

aux Conventuels de sortir de Romans et d'aller dans les autres maisons non réformées, sous peine d'être bannis de tout le Dauphiné. Fort de cette pièce et assisté d'officiers de justice, le comte de Saint-Vallier fit sortir les grands Frères du couvent et y mit en possession les Frères Observantins, le 10 juillet 1532.

Les Conventuels à qui, suivant le concordat passé devant Léon X, la maison de Romans devait appartenir, ne se résignèrent pas à cette perte. Ils surprirent, le 21 avril 1595, des lettres de *pareatis*, qui furent mises à exécution par un huissier, avec l'appui du comte de La Roche, gouverneur de la ville. Mais, le 28 du même mois, un ordre du parlement réintégra les Observantins et fit défense au P. Sylvestre, gardien des Conventuels, de les troubler dans leur possession, à peine de 500 écus d'amende; ce qui fut exécuté le 6 mai par le vi-bailli de Saint-Marcellin.

Trois fontaines, celles de *la Sacristie* hors la porte de Saint-Nicolas, de Saint-Just et de Sainte-Marie, fournissaient d'abondantes eaux pour alimenter le *vivier* et arroser les cultures et le pré (1) du couvent. Ces eaux, réunies ensuite dans un canal, traversaient la ville en serpentant, et allaient, sous le nom de ruisseau du *Tortorel*, se jeter à l'Isère. Le vivier formait une pièce d'eau assez étendue et profonde pour permettre de s'y promener en bateau. Mais, par suite de la construction de la seconde enceinte, du défaut d'entretien des canaux et des travaux de dérivation faits par des particuliers, les eaux prirent un autre cours et leur ancien lit a été peu à peu desséché (2).

Dans les premiers temps, ce canal s'étendait jusqu'aux murs de la ville et on le traversait dans l'axe de la rue *Conquiers*, sur un pont de pierre qui servait de principale entrée au couvent. Comme hommage féodal des droits remis par le chapitre lors de la fondation du monastère, le P. gardien des Cordeliers

---

(1) *Le pra do Freres Menors.*

(2) L'ancien vivier était à peu près à sec, quand, en 1848, la ville, qui venait de l'acheter, le fit combler et convertir en promenade publique.

venait le 23 janvier, jour de la fête de saint Barnard, offrir la clef de la porte de ce pont au sacristain, qui la lui rendait après le paiement d'une redevance de six sols. Par acte dressé en 1409 et expédié en 1483, il fut fait quittance mutuelle de l'hommage et de la redevance, contre une pension de dix sols que devait le chapitre au couvent pour une fondation faite par un prêtre de l'église ; enfin, un arrêt du parlement rendu le 5 janvier 1624 affranchit les religieux du cens et de l'hommage.

Les nouvelles doctrines religieuses venues d'Allemagne, d'abord communiquées en secret, ne se manifestèrent au dehors que par le mépris des choses saintes. La population s'émut de ces scandales et força l'autorité de les réprimer. En 1542, un nommé Rostein, dit Garnier, fut brûlé publiquement à Romans pour avoir jeté dans le ruisseau une image du Christ qu'il avait arrachée à la porte d'une église. Par arrêt du 16 septembre 1549, Jean de Convers, dit Charmes, fut condamné à suivre la procession tête et pieds nus, et à demander à haute voix pardon à Dieu, au roi et à la justice, devant la grande porte de l'église de Saint-Barnard, pour avoir « follement, témérairement et indiscrètement parlé des images faictes pour la représentation des saincts et sainctes du paradis » (2).

En 1551, au mois de décembre, c'est-à-dire pendant les Avents, le prédicateur ordinaire de la ville, accusé d'avoir avancé en chaire quelques propositions contraires à la foi, fut saisi et remis entre les mains du vi-bailli de Saint-Marcellin, pour lui faire son procès. D'autres membres du clergé encore adoptèrent les opinions de Calvin : l'hérésie se glissait insensiblement à Romans. Les PP. de l'Observance en donnèrent avis au cardinal de Tournon et les consuls en informèrent le parlement.

Le couvent des Cordeliers, qui à cette époque était très-beau et très-riche, surtout en ornements d'église, semblait une proie

---

(1) *Archives municipales de Romans*, déposées à la préfecture de la Drôme.

promise aux misérables qui profitent des commotions publiques pour se livrer avec impunité au désordre et au pillage. Dans la prévision d'attaques dont ils pourraient être le but, les Pères avaient, dès le 17 juin 1552, obtenu du Dauphin des lettres de sauvegarde pour leurs personnes, leurs serviteurs et leurs biens.

Au commencement d'avril 1560, on imita dans Romans ce qui s'était fait à Valence. François de Saint-Paul, ministre de Montélimar, hautement appuyé par la noblesse des environs (1), s'empara de l'église des Cordeliers et y prêcha publiquement « avec un applaudissement presque universel » (2). Les partisans de ces nouveautés se rendirent aussi les maîtres de l'église de Saint-Romain, pour y faire leurs exercices. Ces offenses ne restèrent pas impunies. Sur la plainte de Lamotte-Gondrin, des conseillers du parlement vinrent à Romans, firent rendre aux catholiques les édifices usurpés et châtier quelques-uns des plus séditieux.

Durant les troubles religieux, les administrateurs et les habitants de Romans se conduisirent avec prudence, modération et fidélité envers le roi. Les consuls veillèrent de leur mieux à la défense des églises et des monastères et à la conservation de leurs biens. Quelques troubles étant arrivés dans le couvent des Cordeliers, et les huguenots, alors nommés *Esclaffats*, ayant menacé de s'emparer de l'église pour y faire prêcher un ministre qu'ils avaient déjà fait venir de Genève, le conseil de la ville délibéra, le 24 janvier 1561, « que le sieur Servonet, consul, se retireroit devers le F. Antoine Tasche, gardien, qui en avoit fait ses plaintes, et lui feroit response qu'il prendroit volontiers, comme consul, les meubles et joyaux, et que dans l'impossibilité où étoit la ville de leur fournir des armes, par rapport aux

---

(1) Dans ces temps de triste mémoire, les nobles du Dauphiné montrèrent plus de bravoure que de vertus civiques, et l'illustre de Gordes put avec justice leur faire ce reproche : « Et certes, ce n'est pas la piété qui vous a armés! L'ambition des chefs a excité la sédition; la légèreté et l'amour des choses nouvelles, si naturels à notre nation, y ont fait entrer les foibles. »

(2) CHORIER, *Hist. de Dauphiné*, t. II, p. 542.

défenses du roi, on n'empeschoit pas que, pour la sécurité de leurs personnes, ledit gardien ne se fît fort de tels personnages qu'il voudroit choisir » (1).

Le danger, loin de se calmer, devenant plus manifeste pour les maisons religieuses, les Cordeliers déposèrent le 25 mars suivant les reliquaires et ornements de leur église entre les mains des consuls.

En 1562, la ville de Romans tomba au pouvoir du baron des Adrets, chef des réformés (2). L'officier qu'il laissa dans cette ville voulait qu'on prêchât aux PP. Cordeliers, sans les molester (3). Malgré cette assurance, ils furent obligés d'abandonner leurs cellules, le 7 mai, pour échapper au danger qui menaçait chaque jour leur vie. Plusieurs, dit-on, embrassèrent la réforme et furent mis chez des maîtres pour apprendre un métier ou en

---

(1) *Registre des assemblées du conseil de Romans.* Le 2 janvier 1566, les consuls réclamèrent au P. gardien une pièce d'artillerie qu'il s'était appropriée et qui appartenait à la ville. Nous ignorons si cet engin de guerre faisait partie d'un armement pour la défense du couvent.

(2) Devenu suspect à son parti, des Adrets fut arrêté à Romans, le 10 janvier 1563, par ordre du prince de Condé. Rendu à la liberté peu de mois après par le bénéfice de l'édit de paix d'Amboise, il fit réclamer aux consuls de Romans par le sieur de Charbonnières la restitution de « certains deniers qu'il disoit lui avoir été prins en ses coffres, lhors qu'il fust faict prisonnier au dict Romans, durant les troubles, avec les armes et chevaulx qu'il avoit. » Le conseil de ville répondit un peu ironiquement au spoliateur des églises et des couvents qu'il ignorait le fait de cet enlèvement; qu'en tous cas il ne l'avait pas commandé, et que c'était à ceux qui détenaient les objets réclamés à les restituer. (*Registre des assemblées du conseil de Romans.*)

(3) Les chefs qui commandèrent dans Romans pendant la désastreuse période des guerres de religion furent, en général, des hommes modérés. Odde de Triors lui-même, de fervent catholique devenu zélé protestant, rendit beaucoup de services aux Romanais. En reconnaissance, ils lui accordèrent, le 23 avril 1563, soixante écus pour chaque année de l'exercice de sa charge de gouverneur; mais ils ne lui permirent pas d'enlever la table de pierre du grand autel de Saint-Barnard à lui donnée par le baron des Adrets, lequel, comme on le sait, disposait aussi aisément du bien des églises que de la vie des catholiques.

pension chez des particuliers (1). Les chambres du couvent furent pillées, les autels renversés, les images brisées, les toits démolis.

Au milieu de ce désordre, un événement regardé comme un châtiment de la Providence fit impression sur le public et laissa un long souvenir. Un forcené, voyant la croix du clocher encore entière, monta sur le toit pour l'attacher avec une corde : il perdit l'équilibre et tomba tout fracassé sur le pavé de l'église.

Le ministre La Combe occupa alors le couvent et y fit ses prêches dans l'église jusqu'en 1564, époque où un édit de Charles IX rendit aux Pères leur maison profanée et saccagée (2).

Malgré des lettres de sauvegarde données par le même prince et publiées à la porte du couvent par un huissier du grand

---

(1) Les consuls, autorisés par le parlement, nommèrent un comptable pour recevoir les revenus du couvent et payer l'entretien des anciens Cordeliers. Ils refusèrent de mettre aux enchères les biens de cette maison, comme ils en avaient reçu l'ordre de M. de Suze, commissaire du baron des Adrets.

(2) Introduite et rendue dominante par des étrangers qui dictaient la loi au conseil municipal, la religion protestante fut seule exercée dans Romans, depuis l'entrée du baron des Adrets jusqu'au 26 octobre 1563, jour où la messe fut rétablie dans l'église de Saint-Barnard et célébrée en présence et sous la protection du comte de Bressieu, des commissaires de l'édit et des notables de la ville. Il y avait alors quatre ministres, dits *ministres de la parole de Dieu en l'église réformée*. Ils étaient tous étrangers à la localité et se nommaient Ennemond La Combe, Séverin Borel, Jonathas Vannier et Jean Thiersand. Ils avaient le logement et 300 livres par an « prises sur le revenu de l'église romaine. » Un *manillier*, à 55 livres de gages, était chargé de sonner « les prières, presches et retraictes. » La ville payait en outre le pain et le vin pour la sainte cène.

L'église des Cordeliers ayant été rendue au culte catholique, les protestants établirent leur temple dans une maison du quartier de la Villeneuve, près du couvent de Sainte-Marie. Mais ce local était incommode. Le 7 juin 1564, Jean Magnat, syndic de l'église réformée, obtint de la ville, pour la construction d'un nouveau temple, un emplacement situé aux vieux fossés ou *Terreaux*, entre la place de Jacquemart et la porte de fer. Ce projet n'eut, croyons-nous, aucune suite.

conseil, les hérétiques (1) commirent dans cet établissement de bien plus grands ravages.

Pierre de Chaste-Geyssans « venu avec quelques-uns de ses voisins », s'empara de Romans par surprise dans la matinée du 1er février 1567, et s'y établit en qualité de « commandant nommé par les plus grands princes et seigneurs du conseil, pour venir en ceste ville et la garder; tenir la main à ce que, suivant les édits, le peuple fust contenu en paix, liberté de sa conscience et de sa religion. » Il pria les consuls de lui donner les clefs des portes de la ville, « leur assurant qu'il ne seroit faict aucune violence ni empeschement à chacun d'exercer sa religion, ainsi qu'aux juges et autres officiers pour l'exercice de la justice; leur accordant tout aide, faveur et main-forte; offrant de mettre dans la ville ses enfants comme otages. » Les consuls répondirent qu'ils en aviseraient monseigneur le lieutenant général et messeigneurs de la cour. Quelques mois après, Jacques de Miolans de Cardé, poursuivi par de Gordes, obligé d'abandonner Saint-Marcellin et ne se trouvant pas en sûreté à Saint-Antoine, vint se réfugier dans Romans. Rejoint bientôt par les débris de sa troupe, il s'empara de toute l'autorité dans cette ville; laissant néanmoins à de Chaste-Geyssans son commandement. Fanatiques et indisciplinés, les soldats de Cardé se livrèrent à toutes sortes d'excès; ils pillèrent les habitants, dévastèrent les églises et mirent le feu aux quatre coins du couvent des Cordeliers le 27 octobre (2). Tous les bâtiments

---

(1) On ne sait quelle qualification donner à ces bandes du féroce des Adrets, qui ne pratiquaient guère que le meurtre, le pillage et le blasphème, se préoccupant fort peu du libre examen et d'autres abstractions métaphysiques, occasion ou prétexte d'un déchaînement de mauvaises passions qui couvrirent le pays de sang et de ruines.

(2) Le P. Pascal Cottin, qui fut contemporain des guerres de religion, dit dans son *Histoire* déjà citée que le couvent des Cordeliers fut incendié le lendemain de la fête de Saint François, c'est-à-dire le 5 octobre; coïncidance qui avait dû, semble-t-il, laisser une trace profonde dans le souvenir d'un religieux franciscain. Cependant, nous avons préféré le témoignage du registre des assemblées municipales, où l'on voit d'abord que Miolans de

furent incendiés, sauf le cloître et le chœur qui étaient voûtés. On fit murer les portes de tout ce qui restait, pour empêcher la ruine entière de l'édifice. Néanmoins, les partisans de des Adrets, dont la rage n'était pas assouvie, sapèrent le cloître, démolirent les murs, coupèrent les arbres, arrachèrent les vignes. La paix publiée le 2 mars 1568 par Simiane de Gordes, lieutenant-général du roi en Dauphiné, les contraignit enfin de quitter la ville, laissant derrière eux tous les édifices religieux en ruines.

Le P. Picquet fait la remarque que la plupart de ces impies périrent d'une manière honteuse : il n'en donne pas les noms par égard pour leurs enfants. Le 31 juillet, de Gordes accorda aux PP. Cordeliers une cloche reprise aux protestants, qui avaient enlevé toutes celles du couvent, au nombre de cinq.

Le monastère, brûlé et dévasté, était devenu inhabitable; il n'en restait que quelques masures, où des religieux se logèrent après les avoir désencombrées. Plusieurs fois interrompus par les événements politiques ou par le manque d'argent (1), les

---

Cardé, dont les soldats incendièrent le couvent des Cordeliers, n'entra dans Romans que le 9 octobre 1567.

« MM. les consuls ont remontré comme *ce jour-d'huy* (9 octobre) Mons. de Cardé étant arrivé en ceste ville............ » Ensuite dans le procès-verbal de la séance tenue le 27 du même mois, l'événement est ainsi relaté :
« Plus proposé............ le bruslement comiz ce *jour-d'huy* par les soldarts au couvent des Cordeliers contre tout empeschement qu'on y aye voulu et seu mettre : comme ce qu'on y debvra proceder et du soulagement des d. Cordeliers qui sont en ville. Item, si on doibt retirer les ferrements et aultres choses qui sont au d. couvent, lesquels les soldarts prennent et emportent, quelque deffence que le sieur gouverneur leur fasse faire. »
Dans la séance du lendemain 28, il est dit que « le sieur de Geyssans, commandant de la ville, a faict apporter et remettre céans quelques choses provenant du couvent des Cordeliers par le moyen de la ruyne faicte d'iceluy par les soldarts, et qu'on prie le d. sieur de ordonner de faire murer les portes du d. couvent pour obvier à plus grands degats et ruyne. »

(1) Après le départ des bandes huguenotes, les Romanais eurent encore à supporter les frais et les dégats causés par le passage des troupes étrangères au service du roi : les 4,000 Italiens de de Gordes, les 6,000 Suisses du duc de Mayenne, les 2,000 reitres du comte de Ringrave. A l'annonce

travaux de restauration marchèrent lentement, ajoutant seulement chaque année quelques logis. On vendit plusieurs bonnes terres, on en afferma d'autres à longs termes pour se procurer des fonds. Enfin, plusieurs personnes généreuses firent rétablir la nef de l'église : M.me Renée du Pelloux, M. de Claveyson, gouverneur de Romans; Mme Laurence de Claveyson, veuve d'Hugues de Lionne, conseiller au parlement; Claude Frère, premier président; Henri Guérin, juge royal; Arthur Coste, conseiller du roi, firent chacun construire un des piliers du côté gauche de la nef. Les autres furent érigés aux frais de MM. Deloulle, avocat; Servonnet, Buissonnier, Jean Bruière, Pierre Bienvenu, Duvivier, vi-bailli du Grésivaudan; Guigon, avocat; Veilheu et Mathieu Fayard, châtelain de Peyrins. « Tous ces bienfaiteurs, avec la confrérie des boulangers, se portèrent généreusement, comme de nouveaux Machabées, à la réparation du temple du Seigneur. »

Après avoir essuyé les tribulations et les dangers de ces temps désastreux, le P. Picquet, devenu gardien, s'employa avec zèle et succès à en réparer les effets. Les voûtes du chœur, celles de la sacristie, dont il ne restait que les ogives, furent refaites (1). En souvenir, on plaça sur le devant une table de marbre qui

---

de l'arrivée de ces mercenaires, qui agissaient comme en pays conquis, les habitants des campagnes désertaient leurs maisons et venaient se réfugier dans la ville, avec leurs meubles et leurs bestiaux. Lors du passage des 2,000 cavaliers allemands, le 5 décembre 1574, les Romanais firent prendre les armes à toutes leurs compagnies, renforcèrent la garde des portes de la ville, avec ordre d'abattre les *sarrazines* à la première apparence de danger; tendirent des chaînes à l'entrée des rues et firent fermer toutes les boutiques. Enfin, plusieurs séjours du gouverneur et du lieutenant général, la tenue des États de la province, le 16 janvier 1575, sous la présidence du roi, l'entretien des troupes, la construction, le siège et la démolition d'une citadelle, avaient occasionné à la ville de Romans des dépenses de toute nature, d'autant plus accablantes que les troubles et les guerres avaient presque anéanti son commerce.

(1) A la sollicitation du P. gardien, Jean Migniot, l'abbé de *Bongouvert*, avait déjà donné, en 1588, pour ces réparations, une somme des deniers de l'abbaye.

rappelait en abrégé les patrons de cette œuvre. Voici cette inscription :

D. O. M. G.
H. GUERIN, JUD.
D. DE CRAS. JO. GUIGON. C. P. Q. R.
OPE
F. C. PICQUET. G.
A. 1605.
CAMERAS INSTAURABAT.

C'est-à-dire : DEI OPTIMI MAXIMI GRATIA, HENRICI GUERIN, JUDICIS; DOMINI DE CRAS; JOHANNIS GUIGON, CONSULIS; POPULI QUE ROMANENSIS OPE, FRATER CLAUDIUS PICQUET, GUARDIANUS, ANNO 1605, CAMERAS INSTAURABAT.

On s'efforça, en outre, de récupérer une partie des biens qui avaient disparu pendant les troubles. Le vice-légat d'Avignon lança, le 20 mai 1604, un monitoire contre ceux qui les avaient pris ou les retenaient. On réclama aux consuls les joyaux et les ornements déposés entre leurs mains en 1561. Il fut alors prouvé que les consuls de l'année suivante, s'étant trouvés de la nouvelle religion, avaient disposé de cette argenterie. Le 8 septembre 1611, l'assemblée générale de la ville offrit aux PP. Cordeliers une somme de 1,000 livres, qui devait être employée aux travaux de réparation du couvent, comme indemnité de la perte de leur argenterie, laquelle pesait 100 marcs et valait plus de 5,000 livres. Puis, afin sans doute d'attirer la générosité des fidèles, ils firent constater les pertes de leur couvent. En 1608, le P. Fodéré, provincial, publia une attestation de la destruction du monastère de Romans par les hérétiques, et de l'extrême besoin qu'avaient les Religieux de faire des quêtes pour le réparer. Semblable attestation fut donnée, le 3 février 1608, par Antoine Thoulouze, abbé général de Saint-Antoine; le 5 septembre 1609, par Jérôme de Villard, archevêque de Vienne; le 12 du même mois, par l'évêque de Grenoble. Louis XIII, qui avait accordé, le 5 mars 1618, 3,000 livres pour les réparations, déclara par ses lettres patentes du 10 mars 1642 que tous ceux qui retenaient les biens de ce couvent seraient assignés au conseil d'État, pour être condamnés à s'en désister, avec restitution des fruits, à peine de 2,000 livres d'amende.

Les travaux de l'église furent continués. On érigea trois chapelles autour du grand autel et deux autres, celle de l'Assomption au nord, aux frais de Jean Guigou, avocat, et la seconde, au midi, des deniers de François Coste, auditeur des comptes, qui fit aussi bâtir une partie de l'infirmerie. Les Pères firent ensuite élever un grand portail avec des ornements, peindre les trois côtés du cloître, lambrisser la nef et dorer le grand autel. En 1680, on construisit un grand escalier pour aller au dortoir, la longue terrasse et le mur qui soutenaient la vigne, etc. Ainsi, non-seulement les ruines furent réparées, mais les bâtiments furent augmentés et embellis.

A la Pentecôte de 1647, le chapitre de l'ordre des FF. Mineurs de la province de Saint-Bonaventure se réunit dans le couvent des Cordeliers de Romans. A cette occasion, le pape Innocent X, par un bref donné à Rome le 7 février, accorda une indulgence plénière à tous les fidèles qui, après avoir communié, visiteraient l'église de ce couvent. Les consuls donnèrent au F. gardien huit setiers de blé et huit saumées de vin, pour l'aider à supporter les charges qu'il allait avoir à raison dudit chapitre.

En 1612, au chapitre général tenu à Rome par les Religieux de l'ordre de Saint-François, on s'occupa de terminer un différend qui existait depuis quelques années entre les *Récollets* (1) et ceux de *l'Observance*. Les Récollets ne voulant pas se soumettre à la juridiction des Provinciaux, il fut décidé qu'ils seraient entièrement séparés des PP. de l'Observance, qu'ils formeraient en France deux provinces et en Dauphiné une custodie de leur réforme ; qu'ensuite, pour composer ces provinces et ces custodies, les Observantins leur donneraient quel-

---

(1) « Les premiers réformateurs ne trouvant pas, selon le zèle de piété qui les enflammait, qu'ils pussent faire leur salut parmi les Pères Cordeliers, chez qui s'était introduit un grand relâchement, désirèrent en être séparés, afin de pouvoir vivre en plus sainte *récollection*, d'où leur vint le nom de *Récollets*. » (P. ENFANTIN, *Pélerinage au Calvaire de Romans*, Lyon, 1841, p. 18.)

ques couvents. On voulut donc leur accorder ce qu'ils demandaient, savoir : le monastère des Franciscains de Vienne et celui du Mont-Calvaire de Romans (1).

Le P. Picquet, gardien du couvent des Cordeliers de Romans, s'était intéressé, au nom de son Ordre, à l'établissement des PP. Récollets dans la maison du Mont-Calvaire, à condition qu'ils se contenteraient de ce couvent et de celui de la Côte-Saint-André. Il lui fut signifié, le 25 novembre 1642, une ordonnance de l'archevêque de Vienne, prescrivant de surseoir à l'introduction des Récollets (2). On passa outre, et le 27 du même mois, le R. P. Laurent Gay, dit Saint-Sixte, custode des Récollets, fut mis en possession du couvent du Mont-Calvaire par le P. Picquet, en vertu d'une commission de son provincial. Le surlendemain, l'archevêque de Vienne réprima cette désobéissance, en interdisant aux Religieux Cordeliers et Récollets de Romans de prêcher et d'administrer les sacrements.

Les Pères en appelèrent à la Cour quant au fond et quant à la forme : le P. Picquet n'avait fait, disaient-ils, qu'obéir aux ordres d'un chapitre général et à une bulle expresse du pape, l'archevêque ne pouvant d'ailleurs interdire tous les Religieux d'un couvent pour le fait d'un seul; enfin, le Mont-Calvaire n'étant point un nouveau couvent, il échappait ainsi à l'autorité diocésaine. Finalement, le traité fut approuvé, avec le consentement de la famille Boffin, le 6 janvier 1613, par le général de l'Ordre, et le 13 septembre suivant par lettres patentes du roi.

Le P. de Chastelard, gardien du couvent des Cordeliers de Romans, voyant le terme de son pouvoir arriver et ne sachant comment le proroger, s'avisa d'appeler les PP. Conventuels d'Avignon et de leur donner cette maison, à condition qu'il y resterait supérieur pendant sa vie. Le P. Rol ayant été nommé

---

(1) Collombet, *Histoire de la sainte Église de Vienne*, t. III, p. 268.
(2) La ville de Romans, « attendu la misère du peuple et les charges qu'elle s'imposoit pour l'entretien des mendiants, » s'était prononcée contre l'établissement des PP. Récollets. Le chapitre de Saint-Barnard avait aussi fait des remontrances à ce sujet.

gardien de ce même couvent au chapitre de Châlons, de Chastelard lui refusa l'entrée ; mais, obligé par autorité de justice de céder la place au supérieur légitime, il s'enfuit avec ses adhérents, en escaladant les murailles. Au même moment, les PP. Conventuels, au nombre de douze, arrivaient au Bourg-de-Péage. Ayant appris les événements, ils se hâtèrent de rebrousser chemin.

Les Observantins, après avoir pris possession du couvent de Romans, furent en peine, à cause de leur règle, de ce qu'ils feraient des terriers, reconnaissances et contrats de cette maison. Ils déclarèrent ne pas vouloir se servir des rentes et des biens immeubles ; le seigneur fondateur protesta de son côté qu'il ne voulait rien retirer, afin qu'on ne pût le soupçonner d'avoir fait poursuivre la réforme de son couvent pour s'enrichir de ses dépouilles. C'est alors que tous les titres furent mis en dépôt dans la maison consulaire. Ces Religieux furent, toutefois, contraints de changer d'avis, parce que les couvents de l'Observance qui existaient dans les environs de Romans les empêchaient de trouver des aumônes. Pendant longtemps les consuls se chargèrent de gérer leurs biens et de leur en remettre le revenu. Enfin, en 1608, les Pères, usant de la permission que le pape Paul III leur avait accordée de jouir en toute assurance de conscience des biens immeubles avec leurs produits, retirèrent leurs titres des mains des consuls.

Les Cordeliers eurent dès-lors des moyens suffisants pour leur entretien. Mais les troubles religieux ayant causé la perte de plusieurs propriétés et celle d'un grand nombre de petites rentes, ils se virent dans la nécessité de faire des quêtes. Ces quêtes, autorisées par l'archevêque de Vienne et l'évêque de Valence, se faisaient dans cinquante villages au-delà de l'Isère, et dans quarante en deçà de cette rivière, sans dépasser le ruisseau de l'Herbasse, à cause des couvents de Tournon et de Charrières. Elles rapportaient, bon an mal an, environ cinq cents livres d'huile, plus un quintal recueilli dans la ville pour l'entretien de la lampe du Saint-Sacrement ; des œufs pour la nourriture pendant quinze jours après Pâques, une charge de mulet de vaisselle de terre, douze douzaines de fromages, dix-huit sétiers de blé, dix charges de vin, des châtaignes pour la collation pendant les Avents, huit à dix livres de chandelles et autant de cierges, cinquante-cinq francs en argent et nombre de petits dons manuels.

A la même époque, trois terriers constataient les rentes du manastère, qui s'élevaient à 468 livres 9 sols en argent, et à 42 sétiers de blé. Ces revenus furent affermés, le 24 août 1694, moyennant 500 livres annuellement. En somme, toutes les rentes, confréries, pensions et fondations, au nombre de quarante-quatre, rapportaient. . . . . 1200 livres.
 Le tronc. 800
 Le casuel 50

  Total des recettes en argent 2050

Les produits en nature consistaient en cent charges de vin et en diverses denrées provenant des propriétés et des quêtes, ce qui, divisé entre les vingt personnes qui à cette époque formaient la communauté, donnait par année pour chaque individu 165 livres en argent, 3 sétiers 1/2 de blé, 3 charges de vin, 25 livres d'huile et 7 fromages.

Les propriétés étaient alors celles de Bézayes, de Pisançon, de Chabeuil, de Peyrins, les vignes de la Vessette, de la Chabotte et du Calvaire. Le clos des Cordeliers possédait une fort belle vigne de la contenance de quatre sétérées, laquelle était complantée de 14,760 ceps et produisait environ 60 charges de vin.

L'habitation que la famille de Claveyson possédait dans le voisinage du couvent des Cordeliers, fut plusieurs fois agrandie par des cessions de terrains consenties par cette communauté, notamment les 20 février 1643, 4 avril 1661 et 8 novembre 1673, époque à laquelle le P. Rol, gardien, albergea à l'abbé de Lesseins, héritier de la famille de Claveyson, une parcelle de jardin, vers le pont du vivier, sous la pension de 90 livres. Les Cordeliers vendirent aussi une maison qui fut rasée pour faire communiquer, au couchant, avec la rue *Conquiers* la grande allée de tilleuls qui était le long du réservoir, arbres remplacés plus tard par des marronniers que l'on voit encore. C'est cette disposition qui a valu à l'ancienne résidence de la famille de Claveyson le nom d'*Hôtel des Allées*. Outre ces agrandissements par suite d'albergement, il y en aurait eu par des usurpations, suivant les plaintes consignées par les Pères sur le registre des pensions. Ils rappellent, entre autres, un passage bordé de mûriers qui faisait communiquer leur maison avec les monastères de Saint-Just et de Sainte-Marie, dont M. Charles de Claveyson s'était autrefois emparé sans rien payer. On voit, toutefois, que les propriétaires successifs de l'hôtel des Allées, MM. de Lionne, de Lasserre, Duvivier et Bernon de Montelégier, ont payé jusqu'en 1790 au couvent des Cordeliers une pension foncière de 50 livres et le cens d'une obole. Cet hôtel a été acquis, en 1834, par les religieuses de Sainte-Claire, qui, en 1848, cédèrent à la ville l'allée des marronniers et le vivier, pour agrandir la promenade dite des Cordeliers.

Plusieurs grands personnages ont logé dans la belle et vaste habitation des Allées. Henri de Villars, archevêque de Lyon, régent du Dauphiné pendant la croisade commandée par Humbert II, y passa tout le carême de 1347. Les gouverneurs de la province recevaient ordinairement l'hospitalité dans la famille de Claveyson. M. de Lionne de Lesseins, sacristain du chapitre et gouverneur de Romans, eut pour hôtes, à la fin de mars 1701, les ducs de Bourgogne et de Berri, petits-fils de Louis XIV (1). M. de Montelégier, ancien maréchal de camp, y reçut le comte d'Artois en 1814 et le duc d'Angoulême en 1815.

Le 20 novembre 1760, MM. Bonnot de Saint-Marcellin, juge royal, la Condamine, premier consul, et Machon, second consul, délivrèrent un certificat attestant que le mur de face de l'infirmerie du couvent des PP. Cordeliers s'était écroulé, il y avait environ six mois, et qu'ils étaient hors d'état de fournir à la dépense nécessaire pour sa réédification; observant que lesdits Religieux se rendaient très-utiles à la ville par leur assiduité aux confessionaux, leur exactitude à dire la messe à des

---

(1) A cette occasion, pour faire honneur à ces princes et perpétuer le souvenir de leur passage, M. de Lesseins fit construire dans ses jardins un arc de triomphe en pierre de taille, d'un dessin assez élégant, qui a subsisté jusqu'en 1863.

heures réglées, les visites qu'ils rendaient aux malades et l'éducation qu'ils procuraient à la jeunesse.

Nous n'avons rien trouvé qui ait trait à l'éducation de la jeunesse de la part des Cordeliers de Romans, on a même vu plus haut que leur noviciat avait été transféré à Lyon. Ceci nous amène à un incident provoqué par une pétition signée par cinquante-quatre notables « des plus qualifiés de la ville » et présentée, le 12 juillet 1778, au conseil municipal.

L'heureuse situation du couvent des Cordeliers, la commodité de ses bâtiments et l'étendue de son enclos présentaient d'avantageuses conditions pour un établissement public. Encouragés, en outre, par l'exemple du gouvernement, qui s'efforçait alors de diminuer le nombre des communautés religieuses pour donner à leurs maisons d'autres destinations, les pétitionnaires proposaient de fonder un collége dans le couvent des Cordeliers, en expulsant les Religieux qui l'habitaient. Ils invitaient le conseil à s'occuper sérieusement et sans délai de cette proposition, qui intéressait la ville en général et les pères de famille en particulier relativement à l'éducation de leurs enfants.

Cette pétition, qui posait hardiment un principe de spoliation, dont plusieurs signataires devaient être, plus tard, eux-mêmes victimes, était précédée d'un considérant qui contrastait avec les éloges décernés, peu de temps auparavant, aux PP. Cordeliers par les autorités de la ville, et l'on constate, avec regret, que dans sa réponse à la pétition le P. Joseph Bonnefoy, ancien provincial et gardien de ce couvent, ne put s'empêcher de reconnaître que des dissensions avaient régné parmi les Religieux, qu'il en avait gémi et versé des larmes de sang. Il appréciait tous les avantages que les citoyens retireraient de l'établissement, depuis longtemps désiré, d'un collége à Romans. Il assurait que la ville trouverait toutes les facilités possibles pour cette utile création et pour établir en même temps un pensionnat. Le P. Bonnefoy offrait, en conséquence, de fournir son couvent pour un collége et d'avoir un nombre suffisant de Religieux capables d'enseigner toutes les classes. Mais il faisait observer que sa maison n'était pas assez riche pour pouvoir supporter seule cette charge; trop heureux, disait-il en finissant, s'il pouvait contribuer à l'instruction de la jeunesse, procurer à la patrie des citoyens éclairés, à la société des hommes utiles au roi et à l'État (1).

---

(1) Il y eut à Romans, depuis les temps les plus reculés, des écoles grammaticales, *scholarum grammaticalium*, et une académie des arts libéraux, *scholarum artium*, où l'on enseignait la grammaire, la rhétorique et la dialectique. Aymar du Rivail, qui y avait étudié, en parle avec éloge. Ces écoles étaient dirigées par un principal et des régents nommés par les consuls et institués par le maître de chœur de l'église de Saint-Barnard : elles occupèrent longtemps l'emplacement où sont à présent les nouvelles casernes. En 1561, les consuls, avec l'assentiment du chapitre, présentèrent au juge royal de Romans une requête disant, en substance, que le local affecté au collége était incommode et même dangereux, à cause du voisinage de l'Isère, plusieurs écoliers s'y étant noyés, et qu'il serait préférable de placer cet établissement dans l'hôpital de Pailherey, qui avait peu de revenus et servait seulement de retraite à des filles débauchées et à des vagabonds. Accordée le 17 août 1561 par le parlement, cette translation fut un moment entravée par un habitant soi-disant héritier des fondateurs, lequel ayant, à cette occasion, excité une sédition dans la ville, fut condamné à mort et exécuté. Le chapitre, pour se décharger d'une obligation qu'il remplissait, pour ainsi dire, depuis la fondation de la ville, fit disposer dans le nouvel établissement plusieurs chambres pour y loger de jeunes clercs de son église, et nomma pour les instruire un professeur théologal auquel il attribua une prébende de 150 livres. Ce collége eut d'abord du succès et une bonne réputation, puis il perdit ses élèves et dut même être évacué plusieurs fois, soit pour y loger le parlement, soit pour y placer des pestiférés; ce qui, joint aux contestations et aux procès que la ville eut avec le chapitre au sujet de la nomination des régents, fit songer à un autre mode de gestion et à un local plus convenable.

Pendant les troubles religieux, le conseil de la ville, à l'imitation de ce qui s'était fait à Valence, délibéra, le 3 avril 1563, de placer le collége et les écoles dans le couvent des Cordeliers dont le revenu serait appliqué à l'entretien des professeurs. En 1583, l'abbé Sébastien de Lionne proposa au conseil municipal d'appeler des PP. Jésuites pour leur confier l'instruction de la jeunesse de la ville, et offrit pour le traitement des Religieux chargés des cours les assignations des prieurés de Saint-Donat et d'Hostun. Le Père provincial de Tournon n'ayant pas accepté cette proposition, les consuls s'adressèrent à une autre corporation enseignante. Ils passèrent, le 21 décembre 1637, avec Jean Chastain, abbé général de Saint-Antoine une convention, approuvée par lettres patentes de Louis XIII du mois de juillet 1638, par laquelle des Religieux de cet Ordre devaient faire construire et diriger un collége à Romans. Aucun de ces projets, ni même les offres assez

Après une interruption de 160 ans, les États généraux du Dauphiné s'assemblèrent à Romans le 10 septembre 1788, suivant l'ancien usage, dans l'église du couvent des Cordeliers, sous la présidence de Mgr Lefranc de Pompignan, archevêque de Vienne. La session dura vingt-deux jours. Ils furent de nouveau réunis le 1er décembre jusqu'au 16 janvier suivant. L'assemblée se composait de 24 membres du Clergé, 48 de la Noblesse et 72 du Tiers-État. La veille de la séparation des États, la ville de Romans présenta un mémoire au sujet des frais de construction occasionnés par leur établissement, ainsi qu'une réclamation des PP. Cordeliers pour des dommages par eux soufferts. Il fut arrêté que la commission intermédiaire ferait rembourser à la ville la somme de 5,610 livres et que les procureurs généraux syndics règleraient le compte du couvent.

A l'époque où le couvent des Cordeliers de Romans fut déclaré propriété nationale, les terres et bâtiments renfermés dans le claustral étaient ainsi disposés : du côté de la ville, la grande cour, ensuite l'église qui s'étendait à droite, depuis l'escalier de la rue *Conquiers* jusqu'au jardin, parallèlement au vivier, le long duquel se trouvait en contre-bas une petite allée servant de promenade ; à gauche, le clocher appuyé contre le chœur ; du même côté, le cloître, le réfectoire, belle pièce voûtée, la chapelle des Pénitents, et derrière le bâtiment aboutissant au grand escalier de la mairie ; tout-à-fait au levant, était le jardin dominé par une grande terrasse bordée d'un parapet à jour ; au-dessus, dans toute la longueur du clos et jusqu'au pied du rempart, s'élevait un coteau planté de vignes.

Un inventaire des biens de cette maison fut commencé le 20 janvier 1791 par MM. Fayolle et Martignac, membres du district, en présence des PP. Guillaume Curtet, gardien, Antoine Richard, sacristain, et Claude Junilhon, procureur. Cet inventaire constata les articles suivants : les revenus, montant à 2,168

---

raisonnables du P. Bonnefoy, n'eurent de suite. Les écoles grammaticales continuèrent à être tenues par un principal aux gages de la ville. Après la révolution, le collége de Romans fut établi au Bourg-de-Péage, dans l'ancien couvent des PP. Minimes, puis transféré en 1833 dans celui des Cordeliers de Romans, où il se trouve encore aujourd'hui.

livres 3 sols 4 deniers, et à 47 sétiers de blé; dans la sacristie, cinq grands tableaux peints à l'huile, de nombreux et riches ornements d'autel et vêtements sacerdotaux, un ostensoir en vermeil, une boîte pour les saintes huiles, une custode, trois calices avec leurs patènes (1), un ciboire, deux burettes avec leurs sous-coupes, un encensoir et sa navette en argent; 26 volumes in-folio, 119 in-4°, 16 in-8°, 96 in-12, la plupart sans suite, incomplets « et propres à l'usage des épiciers »; 39 sacs et fardeaux contenant des titres et des papiers d'affaires, une petite caisse pleine de vieux parchemins, etc.

La vente des effets mobiliers de ce monastère fut faite aux enchères les 2 et 4 mars, devant MM. Fayolle, commissaire du district, et Bossan, officier municipal. Cette vente produisit 1,760 livres 19 sols, moins 28 livres pour les frais. Beaucoup d'objets furent achetés par les anciens Religieux et quelques meubles par la municipalité.

Le directoire du département avait accordé, le 15 novembre 1790, à la commune de Romans, l'autorisation d'acheter le couvent et le clos des Cordeliers. M. Borel, officier municipal, fut chargé de mettre l'enchère, au nom de la ville, sur l'estimation qui avait été faite de cet immeuble au prix de 20,000 livres. L'acquisition eut lieu sans concurrence le 28 décembre.

Le service municipal fut installé dans le corps de logis joignant l'église. On loua le bâtiment neuf 400 livres par an à l'administration du district et au tribunal. La chapelle des Pénitents, dépouillée de ses ornements, servit aux réunions de la *Société populaire* (1). Le 29 janvier, les PP. Bonnefoy, Curtet,

---

(1) Deux de ces calices furent remis, le 11 avril 1791, à M. Ferlay, notaire d'Hauterives, pour l'église de ce lieu, dont les vases sacrés avaient été volés.

(1) Grâce à l'influence de quelques honorables habitants et surtout aux sentiments modérés de la population romanaise, les membres de ce club entendirent plus de discours emphatiques que de motions incendiaires, virent couler plus d'encre que de sang. Le procureur-syndic de la commune, faiseur de bas de son état, homme complètement illettré, mais doué d'une certaine faconde, ayant voulu, par une grande véhémence de langage, se mettre, comme il le disait, à la hauteur des Jacobins de Paris, fut chassé de la Société et déclaré indigne d'occuper aucune fonction publique. (*Rég. des délibérations.*)

Richard et Junilhon, qui avaient conservé l'usage de l'église et continué à vivre ensemble, demandèrent à l'administration municipale à louer plusieurs appartements de leur ancienne maison. L'assemblée, considérant que lesdits Cordeliers avaient donné dans toutes les circonstances des preuves de leur zèle et de leur attachement aux intérêts de la ville, et voulant leur témoigner, au nom de tous les citoyens, leur reconnaissance, décida de leur passer bail à loyer de plusieurs pièces, moyennant le prix annuel de 200 livres.

Ces anciens Religieux demandèrent aussi au directoire du département la permission de se diviser entre eux les effets minimes, consistant en cinq couverts d'argent, nappes, serviettes et draps de lit, ainsi que le vin et le blé. Ils fondaient leur réclamation sur ce qu'ils laissaient à la Nation des immeubles considérables, beaucoup de créances et point de dettes, ajoutant que dès les premiers jours de la Révolution, ils avaient offert avec empressement leur maison de Romans à la province pour y tenir les assemblées : un tel dévouement de leur part semblait mériter quelques égards. Le directoire du département, comme avait fait celui du district, arrêta qu'il serait délivré à chacun des ci-devants Cordeliers de Romans, quatre paires de draps, deux douzaines de serviettes et six nappes, et qu'au surplus de leur demande, il n'y avait à délibérer.

Cet ancien couvent conserva donc pendant plusieurs années le siége des administrations de la ville. Mais les bâtiments ne pouvant, faute de fonds, être suffisamment entretenus, marchaient rapidement à leur ruine. Les murs se crevassaient, les eaux pluviales, pénétrant par de nombreuses gouttières, avaient pourri les charpentes. L'église avait été convertie en magasin à fourrage, le clocher servait de cheminée au four du *grenier paternel*, construit au rez-de-chaussée de cet édifice. Les débris de toutes sortes tombés des étages supérieurs s'amoncelaient; on en vendit, le 25 ventôse an IX (16 mars 1801), pour la somme de 917 livres. Une visite de lieux faite par des gens de l'art constata le mauvais état des bâtiments, et leur rapport estima à 55,000 livres la somme nécessaire pour les remettre en de bonnes conditions. La ville, ne pouvant faire cette dépense, décida que l'ancien couvent serait démoli. L'adjudication en fut donnée le 3 ventôse an X (22 février 1802) au sieur Astier, maître maçon, à la charge de démolir les bâtiments, d'enlever les matériaux, de niveler le terrain et de faire différentes plantations pour l'ornement de ce lieu. Une contestation survenue entre la ville et l'entrepreneur avait retardé les travaux de démolition. Ce dernier, pour récupérer le temps perdu, avisa un moyen expéditif : il fit saper l'église et le clocher et supporter les angles des murs au moyen de forts étançons. On y mit le feu et le vieil édifice s'écroula avec un épouvantable fracas (1). Ainsi disparut le monastère des Cordeliers, vénérable témoin d'un passé qui, pour tout esprit impartial, ne fut pas sans grandeur, sans avantages et sans poésie, et dont on nous pardonnera d'avoir, malgré nos sympathies, retracé le souvenir avec l'exactitude d'un annaliste et non avec l'imagination d'un poète.

Aujourd'hui, l'ancien enclos des Cordeliers est un endroit très-fréquenté, le centre des affaires et des plaisirs. Au milieu de promenades offrant des allées ombragées et des bosquets sillonnés par des sentiers habilement ménagés, on trouve les établissements les plus importants de la ville : la mairie, la justice de paix, le tribunal de commerce, le collége, la salle de spectacle, les bureaux de la poste et du télégraphe.

---

(1) Ce monument, remarquable à plusieurs égards, offrait cette particularité de n'avoir dans son plan général aucun défaut de symétrie ou de proportion, contrairement à l'usage que, par humilité, les Franciscains observaient dans la construction de leurs églises.

CHAPELLES ET CAVEAUX FUNÉRAIRES.

L'église du couvent des Cordeliers contenait, outre le grand autel, vingt-trois chapelles sous lesquelles existaient des caveaux funéraires.

L'autorité ecclésiastique a toujours reconnu aux fidèles le droit de désigner, par un acte de dernière volonté, le lieu de leur sépulture. Par piété ou par ostentation, les habitants de Romans choisissaient, depuis plusieurs siècles, cette église pour s'y faire inhumer. Là se faisaient les obsèques les plus pompeuses, pour lesquelles le couvent avait de riches ornements (1). Le service de l'enterrement avait lieu à l'église paroissiale du défunt, mais les trentains et les anniversaires se célébraient dans celle du couvent. Une sentence arbitrale du 9 juin 1524 entre les curés de Saint-Barnard et les PP. Cordeliers reconnut aux religieux le droit d'ensevelir dans leur église ceux qui y avaient fait élection de sépulture. Mais les curés, ne pouvant empêcher ces inhumations, s'efforcèrent d'en restreindre le nombre, qui s'éleva à cent cinquante-quatre de 1737 à 1786. Ce conflit, comme trop souvent alors, amena des contestations et des procès.

Les Cordeliers avaient obtenu, le 11 mars 1634, de la cour du parlement une ordonnance enjoignant au juge de Romans de tenir la main à ce que les volontés des personnes qui avaient déclaré, de leur vivant, l'intention de vouloir être inhumées dans l'église des Cordeliers fussent exécutées, sur la déclaration des parents, des voisins ou des domestiques. Les curés des

---

(1) La ville paya à F. Mathieu Bosonet, le 8 juin 1361, trois gros et demi d'or pour deux draps d'or qui avaient servi aux funérailles de Guillaume de Vergy, gouverneur du Dauphiné.

paroisses de Romans se rendirent opposants, parce que l'édit de Blois ne permettait point la preuve par témoins en fait de testaments, et que les membres du *tiers-ordre*, fondé par les PP. Cordeliers (1), visitant beaucoup de malades, s'efforceraient de procurer un bénéfice au couvent. Il fut convenu que le droit de sépulture dans l'église des Cordeliers serait maintenu seulement pour les personnes qui y avaient des tombeaux ou qui auraient manifesté leur volonté par testament.

Grand autel de l'église. — En leur qualité de fondateurs, les seigneurs de Clérieu, les Poitiers et ensuite les Chevrières eurent leur tombeau devant le grand autel. On y célébrait des messes anniversaires tous les jours pour Jacques d'Hostun et Béatrix de Claveyson, sa femme, et pour Lanthon-Berger d'Hostun; le lundi pour Catherine de Claveyson et le samedi pour Policienne de Calabre, femme de Louis de Poitiers, seigneur de Saint-Vallier.

Par son testament du 5 juillet 1359, Armand de Rochefort élut sa sépulture dans l'église des FF. Mineurs, près du grand autel, dans le caveau où reposait Pierre Archinjaud, son parent, et légua au couvent une somme de 300 florins d'or que lui devait le comte de Valentinois, à la charge de la célébration

---

(1) Avant l'établissement de cette association, les PP. Cordeliers affiliaient quelques personnes à leur ordre. On a conservé la légende d'une noble dame, Simone de Méry, mariée en 1361 à Charles de Poitiers, comte de Saint-Vallier, laquelle fut inhumée dans l'église de ce couvent vers la fin du XIVe siècle. Elle était morte en réputation de si sainte vie, suivant l'enquête faite à Romans en 1421, que son tombeau devint le but des prières et des offrandes de beaucoup de fidèles « tant de cire que autrement, ainsi que on a accoustumé de faire aux corps saincts » (A. DUCHESNE, *Preuves*, etc., p. 87). Les Cordeliers célébraient, suivant le martyrologe du couvent de Troyes, l'anniversaire de Simone de Méry, le 4 juillet, comme fille très-spéciale de l'Ordre.

Le 4 septembre 1609, les Pères obtinrent de l'archevêque de Vienne l'approbation des statuts du tiers-ordre de Saint-François, et du pape Innocent XI un bref, donné à Rome le 16 mars 1682, confirmant cette congrégation et lui accordant de nombreuses indulgences.

d'une messe quotidienne et de mille messes dans tous les couvents de l'Ordre. Huguette de Rochefort, veuve dudit Armand, demanda, par son testament du 19 avril 1361, à être inhumée à côté de son époux; elle ratifia la donation précédente, et ordonna qu'elle serait acquittée par son héritier. En 1447, Louis de Poitiers légua à cet autel une pension de 25 florins sur le péage de Pisançon.

1. *Chapelle de Notre-Dame des Victoires.* — Elle appartenait aux Frères et aux Sœurs du tiers-ordre de Saint-François.

2. *Chapelle de Notre-Dame des Anges.* — Louise Enard, veuve de Girod de Garagnol, donna, le 28 juin 1632, une pension annuelle de 9 livres pour des messes à célébrer dans cette chapelle.

3. *Chapelle de Notre-Dame de Pitié.* — Elle fut abattue pendant les guerres de religion. Le 8 avril 1613, Saurin Gourdon remit tous ses droits sur cette chapelle au seigneur d'Hostun, trésorier de France, moyennant 40 livres destinées à la reconstruire. L'abbé de Lesseins, sacristain du chapitre de Saint-Barnard, la fit restaurer en 1700.

4. *Chapelle de Notre-Dame des Grâces.* — Par son testament du 8 mai 1623, Sébastienne de Garagnol, veuve d'Alexandre de Valernod, élut sa sépulture dans cette chapelle et y fonda une messe chaque vendredi, au moyen d'une rente de 24 livres.

5. *Chapelle de Notre-Dame des Consolations.* — Jeanne Odibert, veuve de Bernard Roubon, légua à cette chapelle, le 23 décembre 1427, une maison située vis-à-vis du passage du couvent, à la charge d'une messe tous les vendredis.

6. *Chapelle de Notre-Dame du Saint-Sépulcre.* — Le 11 janvier 1486, Isabelle de Poitiers, dame de Florensac, légua une pension de onze sétiers de froment pour augmenter la dotation de cette chapelle, qui fut réparée en 1496 par la famille Tardivon et en 1594 par Antoine Coste, qui dépensa 40 écus pour cette œuvre.

7. *Chapelle de la Croix.* — Une messe basse y était dite chaque jour pour le repos de l'âme de Guillaume de Poitiers, seigneur de Saint-Vallier.

8. *Chapelle de Saint-Côme et de Saint-Damien.* — Elle était

située vis-à-vis de celle de Notre-Dame de Pitié. Le 17 septembre 1487, Thévenot Vallier, d'Hostun, y fonda une messe et l'assura par une rente d'une émine de froment. Dans le même but, Sanche Dimon fit donation, le 27 septembre 1512, d'une pension d'un florin d'or sur sa maison, rue de l'*Abbaye*. Ensuite d'un legs de sa femme, Marguerite Merveilloux (testament du 27 octobre 1549), Antoine Coste s'engagea à dépenser 20 écus pour réparer cette chapelle, et, par acte du 27 octobre 1594, François Coste, auditeur des comptes, qui avait fait exécuter ces réparations, y ajouta un écu de pension.

9. *Chapelle de Saint-Pierre.* — Elle était placée derrière le grand autel. Le 13 mars 1436, Joffred Viol y fonda une messe moyennant une somme de 40 florins d'or.

10. *Chapelle de l'Assomption.* — Pierre Guigon, par son testament du 28 décembre 1609, laissa une pension de 30 livres à cette chapelle à laquelle le pape Paul V accorda, le 8 mars 1610, un bref d'indulgences valable pour sept ans.

11. *Chapelle de Saint-Jean-Baptiste.* — Le 24 août 1441, noble Alise de Vinay fit un legs de 100 florins d'or pour faire dire chaque jour une messe à l'autel de cette chapelle.

12. *Chapelle de Saint-François*, anciennement de *Sainte-Marguerite*. — Les agrégés de l'un et l'autre sexe du tiers-ordre, dont le nombre augmentait chaque jour, considérant la charité fraternelle qu'ils se devaient entre eux, résolurent de demander aux RR. Pères un tombeau dans leur église pour y enterrer les confrères défunts qui voudraient participer aux prières dites pour le repos de l'âme de ceux dont il serait fait mémoire. Par acte notarié du 11 octobre 1662, Claudine Cralhat, femme de Claude Monier, drapier, et Claire Montagnon, stipulant au nom de la confrérie, acquirent la concession d'une tombe voûtée dans la chapelle de Sainte-Marguerite, moyennant la somme de 20 livres.

13. *Chapelle de Sainte-Anne.* — Elle était du côté du nord, près de la sacristie. Le 10 octobre 1350, Aymar de Brissac, sieur des Baronnies, y fonda une messe quotidienne, au moyen d'une rente de six sétiers de froment. Le 16 juin 1359, Alisie de Montchenu, épouse de Guillaume Allemand, sieur de Marjais,

élut sa sépulture dans la chapelle de Sainte-Anne et laissa une rente de six florins d'or pour y faire dire trois messes chaque semaine. Le 16 mars 1380, Pierre Gibellin, docteur ès-lois, y établit une messe quotidienne, suivie d'une procession, par le don d'une rente de trois gros d'or chaque semaine et des flambeaux de cire du poids de huit livres. Guillaume Allemand légua, par son testament du 23 novembre 1391, une pension de cinq florins et quatre gros d'or pour l'œuvre de cette chapelle et la célébration d'une messe. Le 7 août 1460, Catherine Manicière et sa fille Flora donnèrent 400 florins pour la reconstruction de la chapelle de Sainte-Anne et la fondation d'une messe de chaque jour.

14. *Chapelle de Sainte-Magdeleine.* — Elle avait été érigée par Rodolphe et Ponce de Chevrières. Noble Desficit, de Crest, habitant de Romans, y institua, le 6 avril 1405, une messe quotidienne, par une pension d'un gros d'or chaque semaine. Jean Gibellin et Jean Fabre, héritiers des Chevrières, firent, le 17 mai 1427, rémission de tous leurs droits sur la chapelle de Sainte-Magdeleine à Humbert de Beaumont, sieur de Pellafol, qui y fit la fondation d'une messe pour tous les jours de l'année et remit, pour l'assurer, 400 florins, un missel, un calice et autres objets nécessaires au service divin. Cette chapelle fut par la suite convertie en sacristie.

15. *Chapelle du Saint-Esprit.* — Par son testament du 12 juillet 1420, Durand Vernet, docteur-médecin, élut sa sépulture dans la chapelle du Saint-Esprit qu'il avait fondée, et la dota d'un calice du poids de deux marcs, d'un missel et d'ornements d'autel, ajoutant 300 florins sur lesquels 100 devaient être employés à la construction d'un caveau. Pierre de Bren fonda dans la même chapelle trois messes chaque semaine, au moyen d'une rente de six sétiers de froment.

16. *Chapelle des Bernardins.* — Elle appartenait à la confrérie de ce nom, qui y avait son caveau. Le 14 juin 1466, Hélène de Grange, veuve de Jacques Gueymard, du consentement de son fils Nicolas, religieux du couvent des Cordeliers, donna une rente de dix sétiers de froment pour faire dire chaque jour une messe à l'autel de cette chapelle. Rigaud Tardivon,

marchand, et sa femme, Catherine de Manissieu, firent don, le 29 novembre 1475, de 500 florins pour la célébration d'une messe quotidienne et de 100 autres florins destinés à la construction d'un caveau pour leur sépulture.

17. *Chapelle de Saint-Sébastien.* — Le même Tardivon fonda, le 6 février 1480, à l'autel de cette chapelle, pour le premier mercredi de chaque mois, une messe à l'issue de laquelle on donnerait un gros à chaque Religieux assistant, et dix gros pour chanter un *libera me*, plus les vêtements nécessaires aux diacre et sous-diacre.

18. *Chapelle de Saint-Jacques.* — Par son testament du 22 juillet 1428, Guillaumette Bellon, femme de Jean de Polignac, légua au couvent des FF. Mineurs tous ses biens, rentes et pension, à la charge pour les Religieux de la faire inhumer dans leur église, près de l'autel de Saint-Jacques, et de célébrer une messe tous les mois pour le repos de son âme. Le 30 octobre 1512, Guillaume Monistrol, marchand de Romans, laissa au même autel dix florins pour un anniversaire, et une pension d'un florin pour une messe des morts.

19. *Chapelle de Sainte-Barbe.* — Raymond d'Albon fonda, le 22 octobre 1461, dans cette chapelle une messe quotidienne, au moyen d'une somme de 120 écus d'or. La famille Avignon fit réparer la chapelle de Sainte-Barbe, qui prit le nom de *Sainte-Geneviève*, et construire au-dessous un caveau pour l'inhumation de ses membres.

20. *Chapelle de Saint-Antoine.* — Alix de Vache, veuve d'Antoine de Garagnol, institua dans cette chapelle, le 1er juillet 1624, une messe basse tous les vendredis, par le don d'une pension de 15 livres.

21. *Chapelle de Saint-Nicolas.* — On y célébrait chaque jour pour un nommé Laberon une messe, à l'issue de laquelle on sonnait la cloche.

22. *Chapelle des Stations.* — Elle était à côté de la porte de l'église.

23. *Chapelle des Coppes.* — Pierre et Étienne Forrest, dit *Coppe*, léguèrent en 1450 une somme de 80 florins pour l'érection et la dotation d'une chapelle qu'on appela, du nom des fondateurs, la *Chapelle des Coppes*.

Voici les noms que plusieurs chapelles portèrent à diverses époques : *Notre-Dame de Lorette, Saint-Louis, Saint-André, Saint-Grégoire, Sainte-Luce, Sainte-Geneviève, Saint-Étienne, Saint-Joseph, Saint-Blaise, Saint-Denis, Conversion de Saint-Paul, Saint-Maurice, Emmaüs,* etc.

NOMBRE DES TOMBEAUX

QUI SONT DANS L'ÉGLISE DES CORDELIERS DE LA VILLE DE ROMANS EN DAUPHINÉ,

avec les noms des familles qui ont eu ou qui ont des caveaux ou fosses dans ladite église (1).

1. Dessous la lampe du maître-autel. Tombeau des Religieux (caveau).
2. Dessous la porte de la balustrade du maître-autel. Tombeau des Religieux. M. de La Croix de Chevrières, comte de Saint-Vallier, y est enterré (caveau).
3. Devant la porte de la sacristie. Tombeau de M. Brenier appartenant à M. Montbrun de Villefranche (caveau).
4. Devant Saint-Antoine. M. de Clerveau; M. Domieu y est enterré (fosse).
5. Devant Notre-Dame des Anges. Les MM. Garagnol, de Saint-Marcellin et de Romans (caveau).
6. Derrière le grand autel. Marianne Servonnet, appartenant à un syndic du couvent (fosse).
7. A côté de la chapelle de Saint-Pierre. M. Chaléat (caveau).
8. Devant la porte de Saint-Louis. MM. Delacour (caveau).
9. Entre la chapelle de Sainte-Marguerite et celle de Saint-Louis. M. Duvache (fosse).
10. A côté du tombeau des Religieux, qui est au-dessous de la lampe. MM. Duvivier (caveau).

---

(1) Extrait du registre obituaire du couvent des Cordeliers de 1737 à 1785, époque à laquelle on cessa d'enterrer dans l'église.

11. Sous le grand pupitre. MM. Monier (caveau).
12. Au bas du grand crucifix. MM. Rivail (caveau).
13. Devant la porte qui va au cloître. M. Espie (caveau).
14. Devant Notre-Dame de Pitié. MM. Dusollier-Soupat (caveau).
15. Devant Saint-Côme et Saint-Damien. MM. de Belair (caveau).
16. Entre la chaire et Sainte-Geneviève. MM. d'Honneur (cav.).
17. Devant l'Assomption. MM. de Villemoisson. Comme la famille est éteinte, il appartient au couvent (caveau).
18. Dans la chapelle de Notre-Dame des Grâces. M. Thomé, père temporel de ce couvent (caveau).
19. Devant Notre-Dame des Victoires. M. Morel (caveau).
20. Devant Sainte-Geneviève. MM. Avignon (caveau).
21. Devant Sainte-Geneviève. MM. Ravoux et Ardet (fosse).
22. A côté de Sainte-Luce, à main gauche. M. Robert (fosse).
23. A côté de Sainte-Luce, à main droite. MM. Brichet (fosse).
24. Devant Saint-Étienne. M. Henry, peintre (fosse).
25. Au bas de la nef, près du premier pilier, à côté du bénitier. MM. Giraud (caveau).
26. Devant la chapelle de Saint-Paul. M. Guillaud (caveau).
   Il y a aussi un caveau dont l'entrée est au cloître et qui est sous la chapelle de Saint-Paul.
27. Devant Saint-Denis. MM. Chambons (fosse).
28. Devant la chapelle de Saint-Paul, entre les deux piliers. MM. Ducros (fosse).
29. Devant la Chapelle de Saint-André. M. Devachot (caveau).
30. Devant Sainte-Anne. MM. Gondoin (caveau).
31. Dans la chapelle de Sainte-Anne. MM. Gondoin. Ledit tombeau est pour les enfants (caveau).
32. Sous la chapelle de Notre-Dame de Pitié, dont l'entrée du tombeau est au cloître. MM. Durand (caveau).
33. Sous la chapelle de Saint-Joseph. L'entrée du tombeau est au cloître. MM. Paquet. Il appartient maintenant à M. Henry, docteur en médecine (caveau).
34. Sous Saint-André. L'entrée du tombeau est au cloître. M. Brenier-Maille (caveau).
35. Sous Saint-Paul. L'entrée du tombeau est au cloître. MM. Machon (caveau).

36. Sous la chapelle de Saint-Blaise. L'entrée du tombeau est au cloître. MM. les Drapiers (caveau).
37. Vis-à-vis de la chapelle des Stations, à côté de la porte de l'église. Tombeau pour enterrer les domestiques de notre couvent (caveau).
38. Dans la chapelle de Notre-Dame de Lorette. MM. Garnier (fosse).
39. Dans la chapelle de Saint-François. Les Frères et les Sœurs du Tiers-Ordre (caveau).
40. Sous le cloître. MM. Durand (caveau) (1).

---

(1) Cette énumération nous permet de relever un trait de statistique et d'histoire locales, et nous montre une extinction rapide des familles coïncidant avec une augmentation considérable de la population (de 6,500 âmes à 11,200). Ainsi, des trente-cinq maisons notables qui, en 1786, possédaient le droit de sépulture dans l'église du couvent des Cordeliers, cinq seulement ont encore des représentants. De même, des quatorze familles qui, avant la Révolution, avaient des tombeaux dans l'église de Saint-Barnard, il n'en existe plus une seule aujourd'hui à Romans.

www.ingramcontent.com/pod-product-compliance
Lightning Source LLC
Chambersburg PA
CBHW070715050426
42451CB00008B/665